中华名人故事图画书

山东城市出版传媒集团·济南出版社

老子的故事

图 郭德福
文 郭德福

图书在版编目（CIP）数据

老子的故事 / 郭德福著 .—济南：济南出版社，2023.2
（中华名人故事图画书）
ISBN 978-7-5488-5299-5

Ⅰ.①老… Ⅱ.①郭… Ⅲ.①老子—生平事迹—青少年读物 Ⅳ.① B223.1-49

中国版本图书馆 CIP 数据核字（2022）第 214252 号

老子的故事
LAOZI DE GUSHI

出 版 人	田俊林
责任编辑	李钰欣
封面设计	焦萍萍
出版发行	济南出版社
地　　址	山东省济南市二环南路 1 号
邮　　编	250002
印　　刷	济南新先锋彩印有限公司
版　　次	2023 年 2 月第 1 版
印　　次	2023 年 4 月第 1 次印刷
成品尺寸	170 mm × 240 mm　16 开
印　　张	6.25
字　　数	38 千字
书　　号	ISBN 978-7-5488-5299-5
定　　价	49.80 元

（济南版图书，如有印装错误，请与出版社联系调换。联系电话：0531-86131736）

沿着老子的生活足迹，走进老子的一生
放牛的老子，观察自然的老子
少年求学的老子，做守藏室史的老子
和孔子会面的老子，著述《道德经》的老子……
生活与交游中，传递着他关于人生世事的思考
对天地自然的剖析与领悟
以及对宇宙万物的敬畏与尊重
全书微言大义，给我们以智慧的启迪

大约在公元前571年，
老子出生在春秋时期楚国的苦县（今河南省鹿邑县），
父亲李乾、母亲益寿氏为他取名叫作李耳（字聃）。

天下万物生于有，有生于无。　《老子》四十章

老子的故事

由于家境清贫,
童年时李耳做过牧牛童。
聪明的李耳一边放牧,
一边望天、望水、望树、望云,
观察着四季景物的变化,
琢磨着大自然的奥秘。

05

老子的故事

道生一，一生二，二生三，三生万物。 《老子》四十二章

有一天,
李耳在放牛途中,
遇见一群小孩围着一棵大树争论不休。
孩子们看见李耳,
急忙拉他来做裁判,
原来他们正在为这棵大树的品种而争论。

天之道，利而不害；圣人之道，为而不争。　《老子》八十一章

李耳围着树转了一圈，也被难住了：
这棵树从东面看像槐树，
从西面看像楝（liàn）树。
它到底是什么树呢？
李耳一边观察，一边思索，
终于发现原来是一棵槐树苗与一棵楝树苗长在了一起，
天长日久变成了一棵树。

天下有始，以为天下母。 《老子》五十二章

李耳说出自己的发现,
并将这棵树命名为"合欢树"。
后来,李耳拜在此隐居的学者商容为师。
商容见李耳颖悟绝伦又善于思考,
十分喜爱,便尽全力教李耳识字读书、学习道理。

知人者智，自知者明。　《老子》三十三章

李耳随商容学习数年后，心智大开。
他学会了将生活中的感受、对自然的感悟与所学文化知识融会贯通。
商容赞其日后必成大器，
建议他远赴周都洛邑（今河南省洛阳市）到自己的友人常枞（cōng）那里深造，
并资助他远行。

有之以为利，无之以为用。　《老子》十一章

一次，李耳去探望老师。

求知若渴的李耳，问老师还有什么教导。

商容说："经过故乡要下车，你知道吗？"

李耳说："是说不要忘记自己的故土和家乡父老吗？"

商容说："经过长者时要小步快跑，你知道吗？"

李耳说："是为了表示对长者的尊敬吗？"

商容张开嘴，问李耳看到了什么。

李耳说："您坚硬的牙齿没有了，但柔软的舌头还在。"

商容说："见舌而知守柔，这就是我要告诉你的。"

李耳记住了老师的话，踏上了赴周都洛邑之路。

天下之至柔，驰骋天下之至坚。　《老子》四十三章

李耳栉风沐雨地赶路，每见到一处古文化遗址，
他都要仔细考察一番。
在太昊陵遗址，李耳思接远古，
有感于伏羲创造了"龙"的形象。
在晨雾缭绕的旷野中，他陷入对龙文化的思索。

譬道之在天下，犹川谷之于江海。　《老子》三十二章

一天，李耳正在燃篝火煮饭，
一个逃荒的乞丐前来乞讨。
"饭还没熟，要不你等一下？"李耳说。
乞丐一听饭没熟就转身离去了。
李耳把饭煮熟后，
追上乞丐将饭送给他吃。

乞丐十分感动，连说："你真是个大善之人！"随后，他取出一堆散乱的简牍送给了李耳。

天道无亲，常与善人。　《老子》七十九章

"这些简牍,是同行的一位逃荒老者临终所赠的。
若把它们当柴烧了真是太可惜了,
还是送给你这位好心的读书人吧。"乞丐说。
李耳如获至宝,从此昼读夜思,
感悟到"反者道之动"——天道的本性是变动,

变动的本质在于相反事物间的相互作用与转化。这一感悟，奠定了李耳认识事物的基础，也使李耳对事物本质的认识有了一个新跨越。

反者，道之动；弱者，道之用。　《老子》四十章

挫其锐,
解其纷,
和其光,
同其尘。
《老子》四章

长途跋涉月余,李耳终于到达洛邑。
他来到常枞住处,没承想开门的竟是商容。
师徒二人相见甚欢。
李耳向老师讲述了一路上自己的所见所闻所悟,
老师听了频频点头。

他又问老师常枞的去向,
商容大笑道:"常枞即商容啊。"
李耳恍然大悟,明白了老师的用意。
原来,老师是在考验他呀。
后来,商容有计划地把李耳引荐给洛邑各界名士,
使李耳眼界大开。

李耳饱读经典,
天文、地理无所不学,
文物、典章无所不习,
所以学问突飞猛进。
公元前551年,年轻的李耳被周王室选为守藏室官吏。

人之所畏,不可不畏。　《老子》二十章

守藏室收藏的典籍图书，可谓汗牛充栋。
李耳如鱼得水，阅览了所有藏书。
他分类整理了守藏室繁杂的典籍图书，
并誊写了一些珍贵的史料。
在他的努力下，守藏室面貌一新。

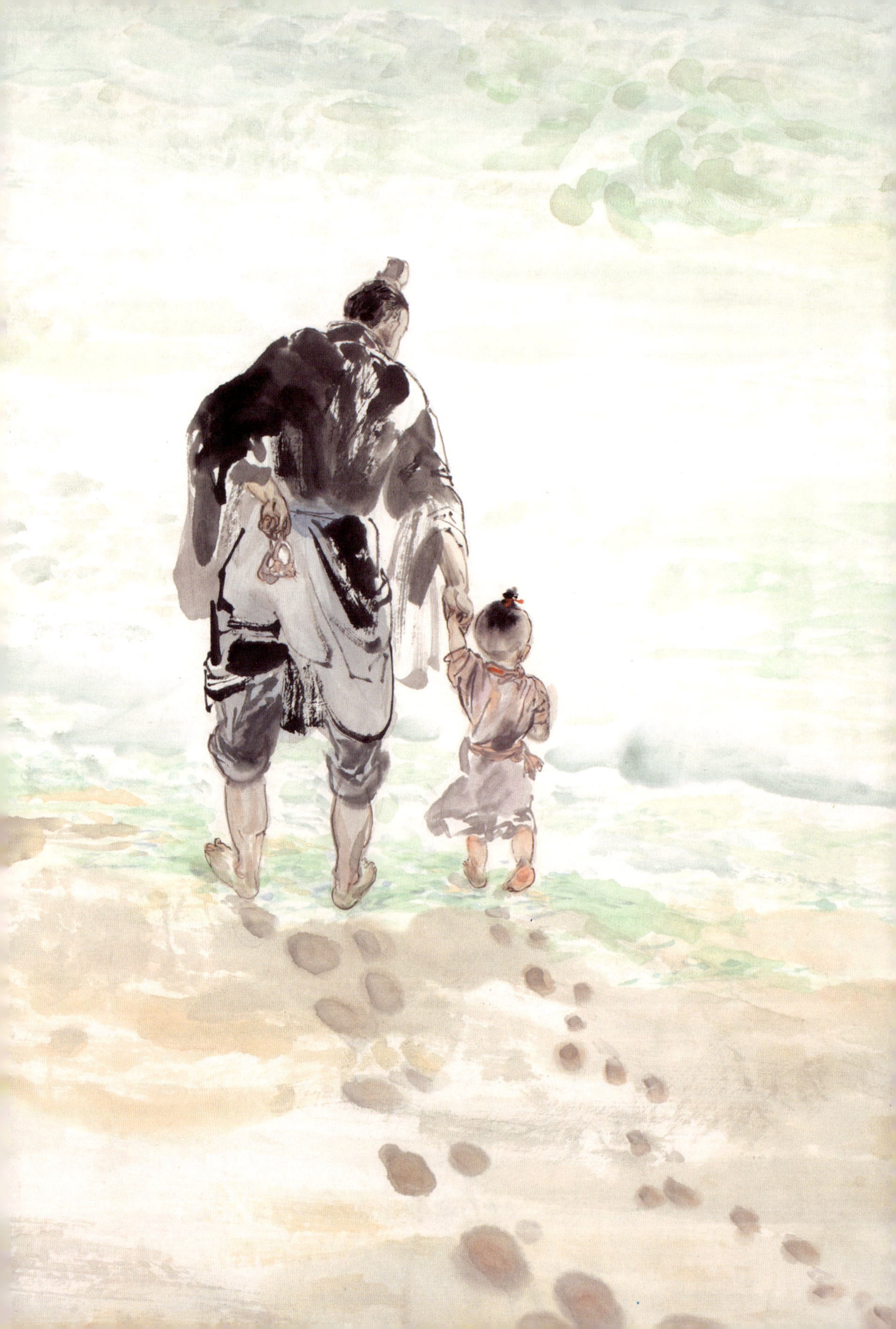

> 大方无隅,
> 大器晚成。
> 大音希声,
> 大象无形,
> 道隐无名。
>
> 《老子》四十一章

做了守藏室官吏的李耳,
有了固定的收入后,
便在洛邑瀍(chán)水边安了家。
初为人父的李耳,
为其子取名李宗。
小李宗在父母的关爱下一天天长大。
李耳常带李宗到瀍水边漫步玩耍,
引导儿子观察自然、热爱自然。

李耳与妻子都喜爱牡丹花。
妻子外出时，
见一人大夸其所卖的牡丹根，便买下一棵。
凑巧李耳也在路上遇到一位卖牡丹根的人，
见那人不善言辞，便也买了他一棵牡丹根。
两棵牡丹长大后，
李耳买的牡丹花开艳美，
妻子买的牡丹却只长叶、不开花。
二人细看后发现，
不开花的那棵竟是不值钱的野蒺藜（jí lí）。
李耳悟道：
"信言不美，美言不信。"

信言不美，美言不信。 《老子》八十一章

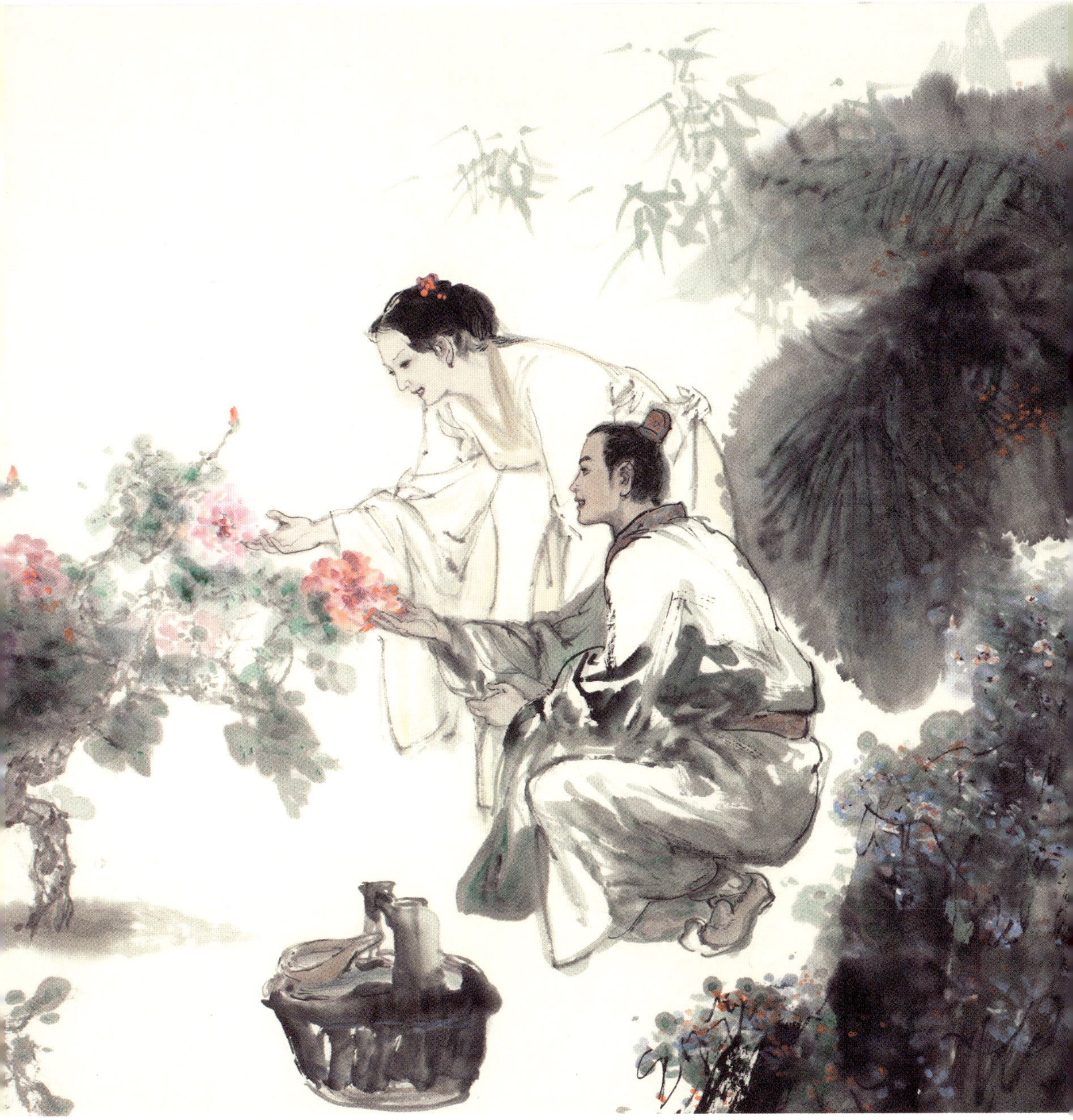

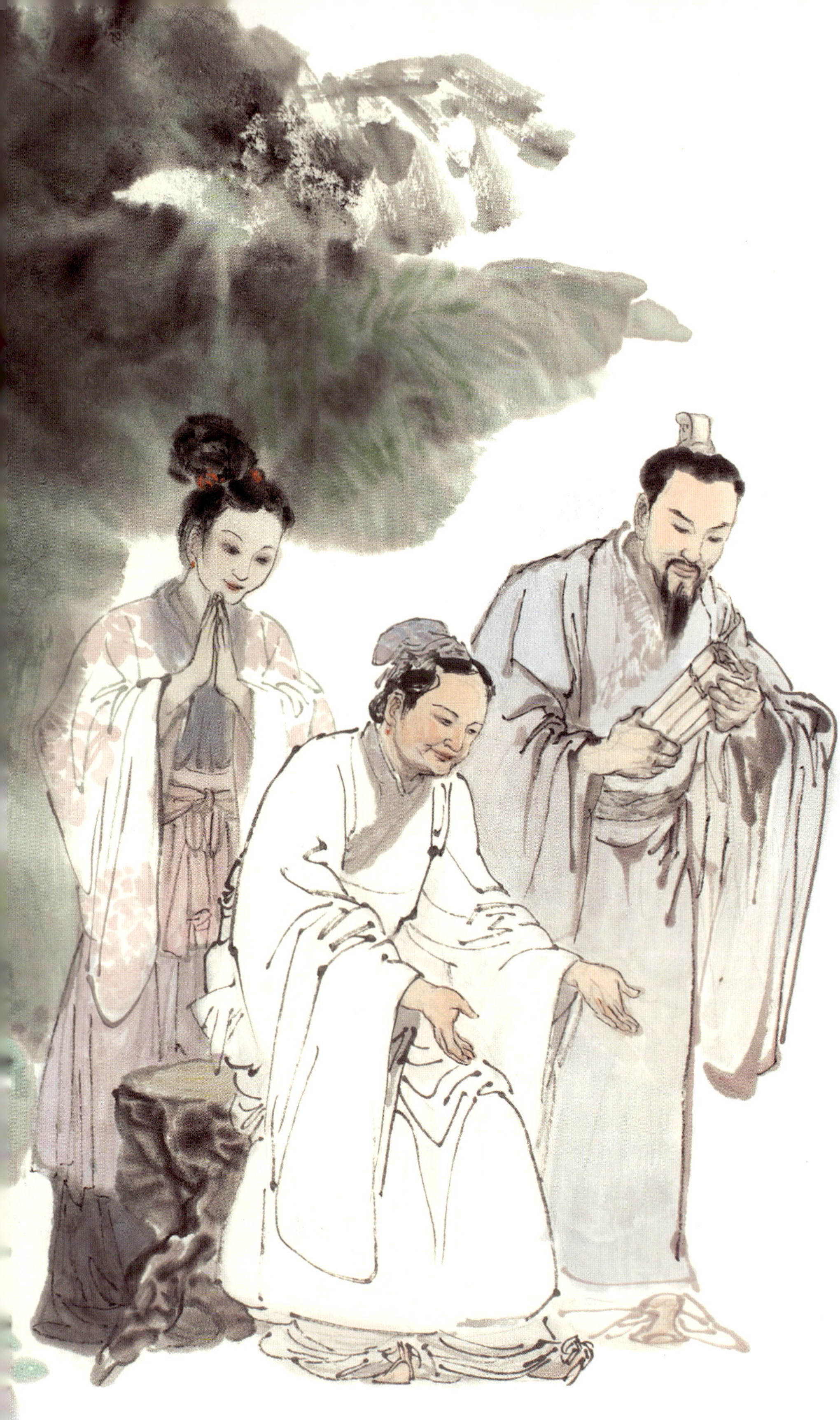

知其雄，守其雌，为天下豁。　《老子》二十八章

有了家室的李耳亲自回家乡接母亲来洛邑同住。
母亲益寿氏见到可爱的孙子李宗，
自然十分高兴，
尽享天伦之乐。
可是时间长了，
母亲不免思念家乡。
每当这时，
李耳就与母亲回忆自己童年顽皮的样子，
时而做出童年憨态，
引得母亲开怀大笑。

李耳很重视对李宗的教育。
在濋水边,
他向儿子讲解"上善若水"的道理。
在教会儿子游泳后,
他告诫儿子在尽享浮水之乐时,
也要知晓水亦淹人的潜在危险。
他将追求合于天道、顺乎自然、
"往而不害,安平泰"的生活理念传授给李宗。

上善若水。水善利万物而不争，处众人之所恶，故几于道。 《老子》八章

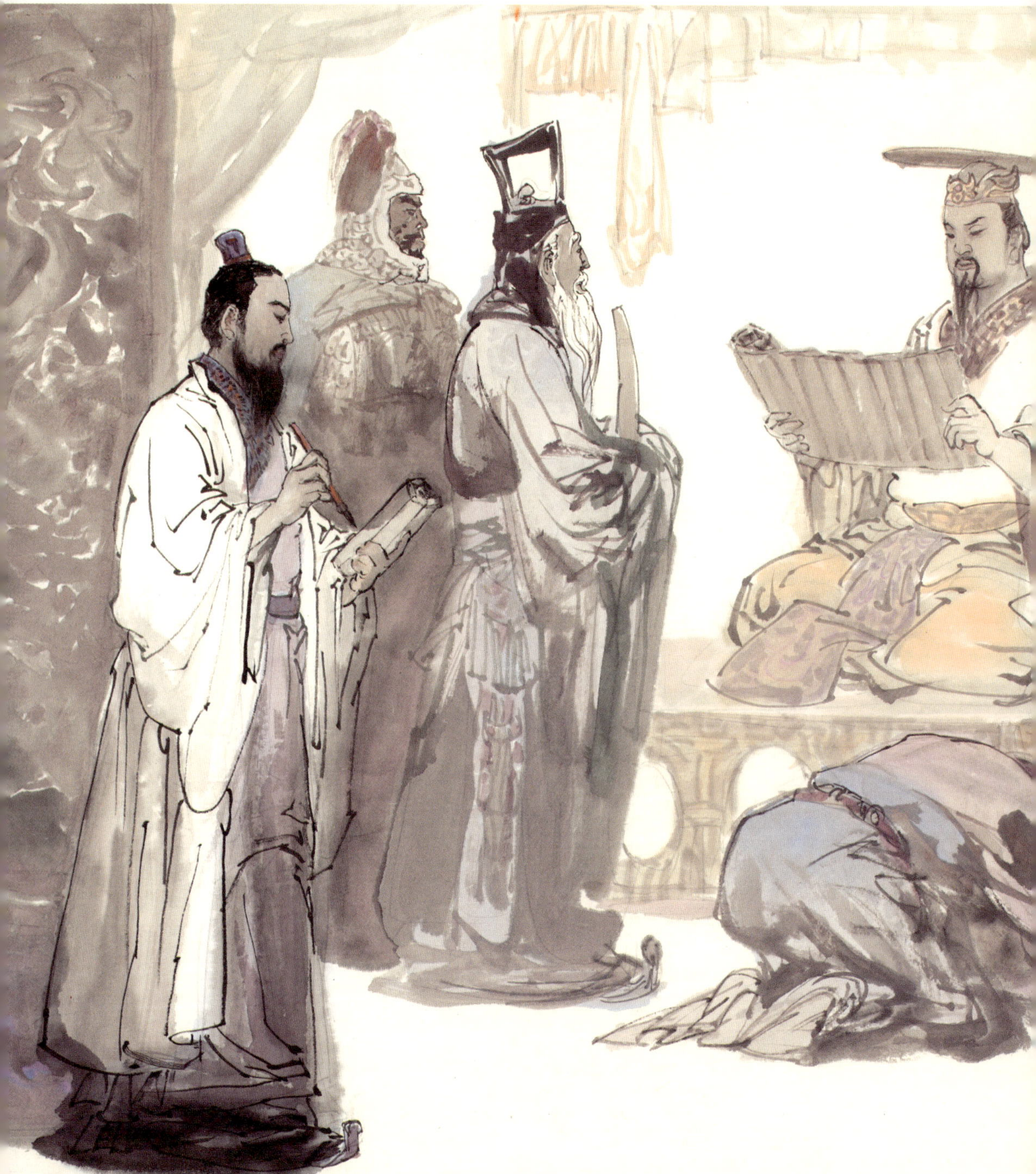

后来，李耳升为守藏室史，
官职相当于现在的国家档案馆和图书馆馆长，
负责记载史事、掌管史籍和撰写史书等事务。
随着学识的提高，
李耳声名远扬，
人们就尊称他为"老子""老聃"。
老子还负责在朝廷上做记录，记载史事。
周天子特旨恩准，
在朝堂上树立一根柱子，
让老子可以倚柱记事，
于是后人便把守藏室史称为"柱下史"。
在数十年的记史过程中，
老子对国势兴衰、决策正误，
都有了真切的感悟与思索，
最终将这些感悟写入《老子》(也称《道德经》)。

圣人后其身而身先，外其身而身存。
《老子》七章

除了记录史事、整理文献典籍外,
老子还经常带着儿子李宗造访各地,
收集民歌、民谣和传说。
这些具有浓郁生活气息、神秘而浪漫的民间文学,
直接影响了他日后著述《老子》的语言风格。

天下难事，必作于易；天下大事，必作于细。

《老子》六十三章

周王室日渐衰微，政权被诸公卿把握，
他们结党营私，争权夺利。
周王室的甘氏一族由甘简公掌权，
他与族人甘成公、甘景公不和，
把国政搞得乌烟瘴气。
老子恪守职责，
如实记载国事。
甘简公因此大怒，
免去了老子守藏室史之职。

宠辱若惊，贵大患若身。 《老子》十三章

老子直言图

为学日益，
为道日损。
《老子》四十八章

被罢官后的老子，与家人回到故乡。

他修建学舍，授徒讲学。

楚国有位叫南荣趎（chú）的青年，走了七天七夜，来向老子求学。

老子一见面就问道：

"子何与人偕来之众也？"

明明南荣趎独自而来，
而老子却问他为什么带着那么多的人来。
其实，这里的"众"字指的是众多的世俗杂念。
原来，老子是在"当头棒喝"，
目的是让南荣趎进行深入思考，然后再教导他心无所累、返朴归真。

当时的普通话——雅言，
是以周都洛邑的语音为基础的。
老子长期生活在洛邑，
能说一口流利的雅言，
面对操着不同方言的学生，
老子用雅言讲学，
通过讲学、授徒让雅言走入民间。

老子还率先把西周兴起的简牍文化引入教学，用毛笔在竹简上书写当时通用的大篆。老子为推动雅言、简牍、大篆在教学中的使用，做出了不可磨灭的贡献。

见素抱朴，少私寡欲。 《老子》十九章

中秋之夜,
老子与弟子们登高赏月。
老子的学生有杨朱、文子、庚桑楚、南郭子綦（qí）等。
其中杨朱因说出"人人不损一毫,人人不利天下,天下治矣"而闻名；
文子后来成为范蠡（lí）的老师,
而范蠡全面实践了老子的思想；

南郭子綦后来成为庄子的老师,
庄子亦是将道家学说发扬光大的主要人物。
老子回到家乡后不久,
母亲益寿氏过世了,
老子安葬了母亲后,更加深入地思考起人生。

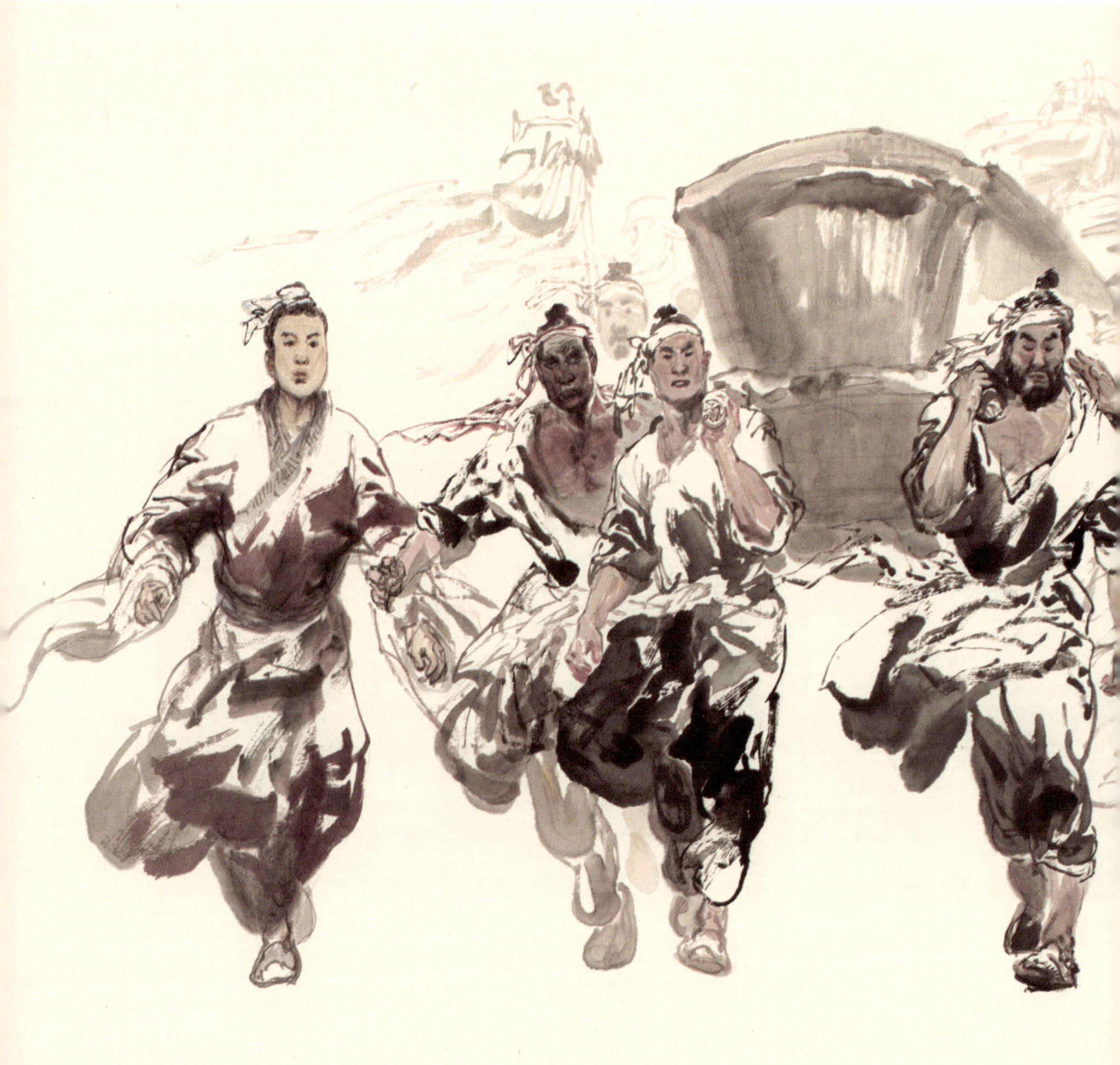

数年后,
老子带着儿子李宗应邀赴鲁国考察周礼。
有一友人不幸去世,
老子为其安排丧事,
年轻的孔子也参加了。
出葬途中,忽遇日食,
老子果断令送葬队伍停止前进,
待日食过后再行。
送葬归来,
孔子向老子请教其中的道理。
老子告诉孔子:
"大夫出访时都是日出而行,
日落而歇,送葬也应如此。
黑夜行路者,只有罪犯。
日食如同黑夜,
所以我让送葬队伍停下来,
等日食过后,天亮了再走。"

物壮则老,是谓不道。不道早已。　《老子》三十章

老子的儿子李宗是个志向远大的青年,
他决定远游列国,寻找实现人生理想的机遇。
出行前老子与儿子交流心声,
将"道常无为而无不为""以道佐人主者,不以兵强天下"等
治国理念、管理方法、统兵策略,都做了详细讲解。

李宗后来成为魏国名将，
他善于将父亲的理论应用于社会实践，解决实际问题。

道生之，德畜之，物形之，势成之。 《老子》五十一章

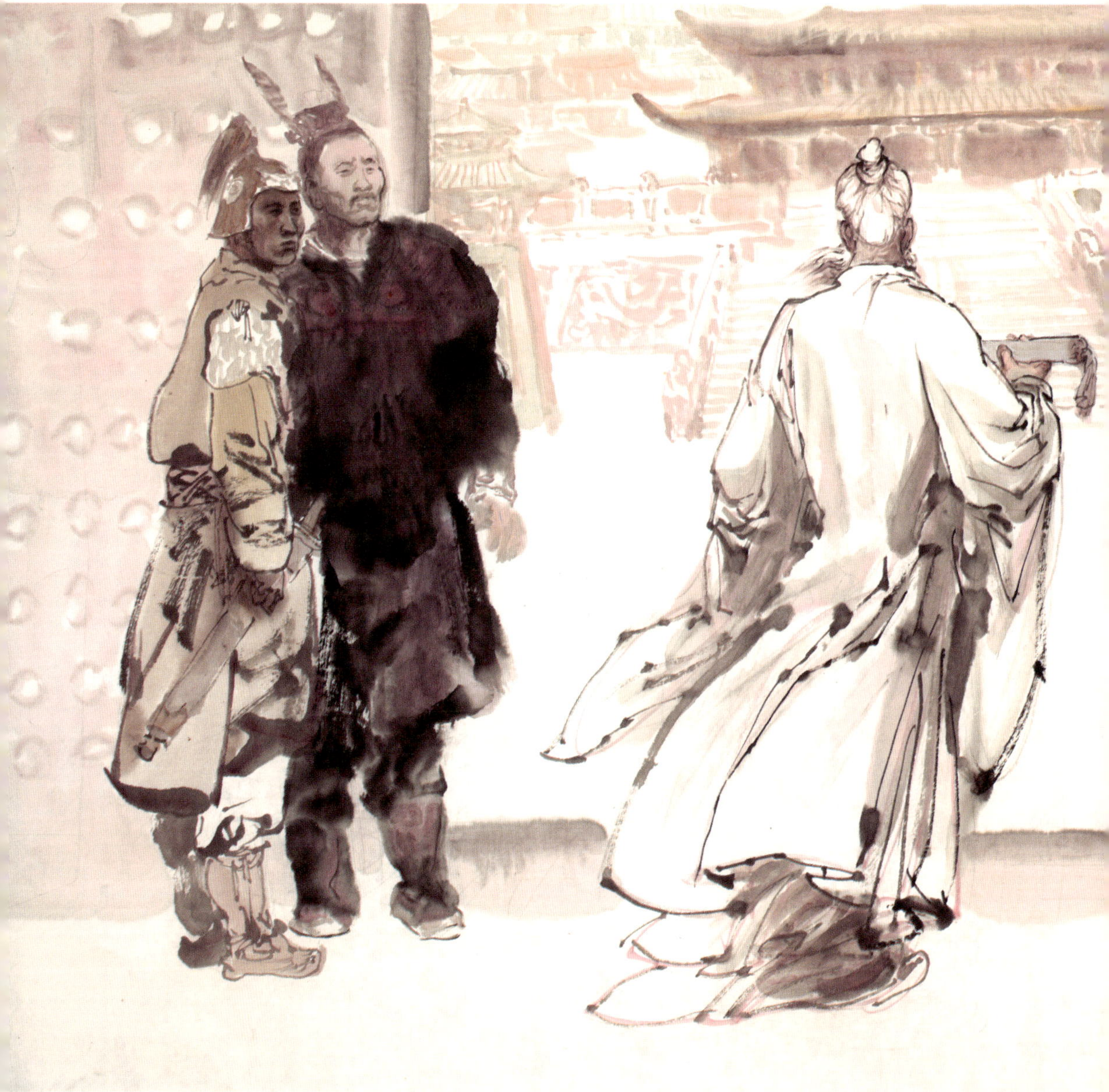

公元前530年,
周王室甘简公的弟弟甘悼公企图
消灭甘成公、甘景公这两支力量,
结果失败了。
老子曾因得罪甘简公而被罢官,
甘成公、甘景公视老子为甘简公
的对立面,
于是将老子官复原职,
老子又回到了周都洛邑。

祸兮,福之所倚;福兮,祸之所伏。 《老子》五十八章

文子来洛邑看望老子，
一进门，
便见老子怀里抱着熟睡中的孙儿李注。
老子深情地注视着孙子，
对文子说：
"你看婴儿常常啼哭，喉咙却不会嘶哑，
这是因为婴儿的啼哭自然又和谐；
婴儿的筋骨柔弱，但小拳头整天握得很紧，
这正是婴儿的常态啊。
婴儿天真素朴，顺任自然。
我想，这就是我们为人应该关注的修养境界吧。"

专气致柔，能如婴儿乎？　《老子》十章

公元前518年，
34岁的孔子在鲁昭公的资助下，
千里迢迢来到洛邑向老子求学。
途经黄河时，
孔子射下一只大雁，
作为送给老子的见面礼，
老子闻讯亲自出城相迎。

执大象，天下往。往而不害，安平泰。 《老子》三十五章

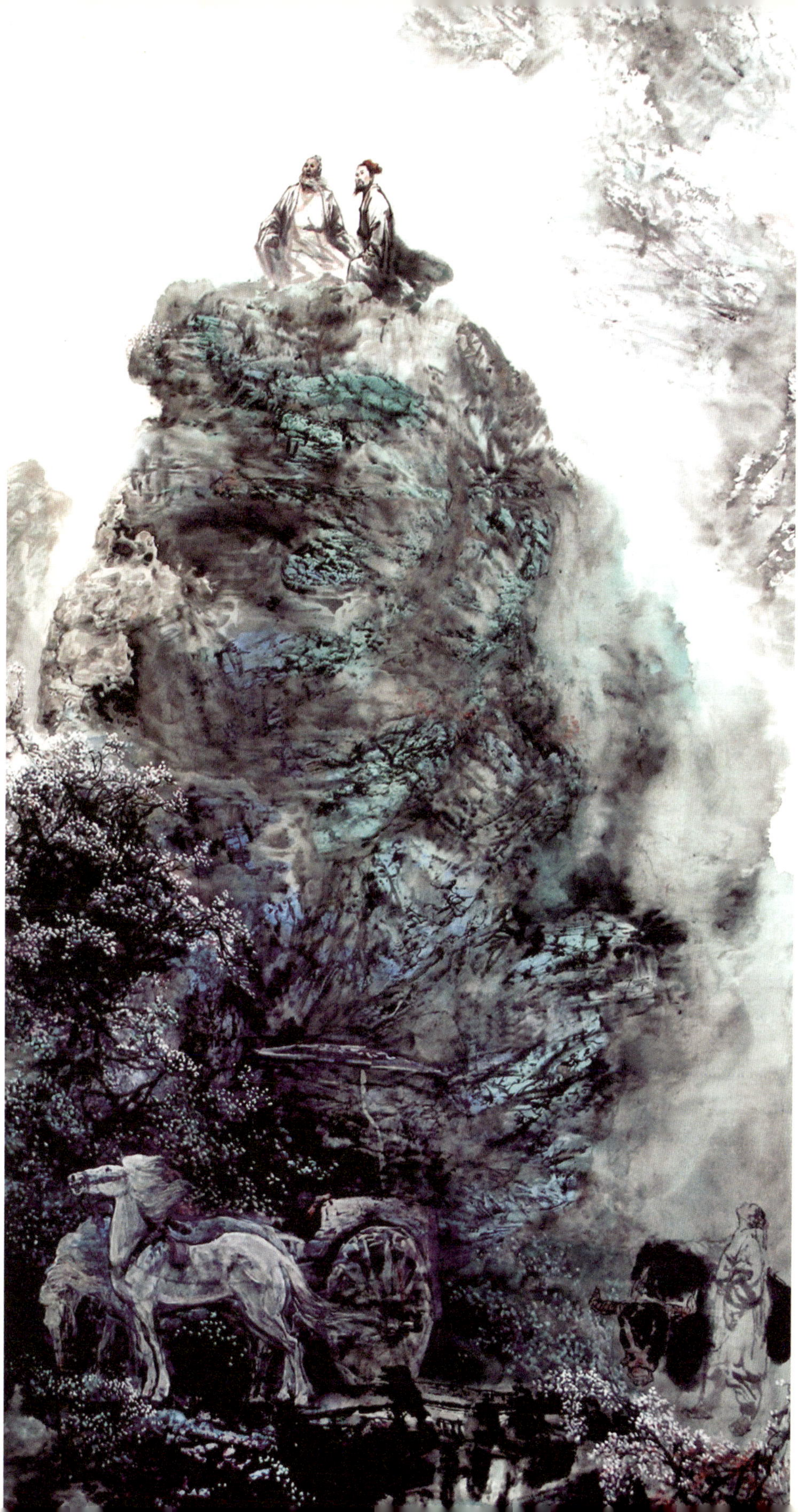

老子先带孔子阅读馆藏经典。
孔子看了《商颂》《周颂》及上古文献三千余篇，
还将一些重点文献誊写下来，
为后来编撰《尚书》打下了基础。
老子又邀请孔子到家中做客，并将家人介绍给孔子。
老子与孔子闲聊时，提及自己人生的第一位老师是一棵树，
孔子好奇，
于是老子大笑着将童年辨识合欢树的趣事告诉了孔子。

孔子听后沉思良久，

从中悟出格物致知的道理，

即透过事物表象来探知其内在的联系与本质。

知者不言，言者不知。 《老子》五十六章

孔子向老子表达了希望争取机会从政、推行为政以德的思想，老子则阐释了"无为而无不为"，即顺应事物自身发展的规律，借势而为，便会治理好各类政务的施政方案。
老子又详谈了实施"无为"者所必须具备的仁德及"无为"的具体操作细节。

老子还说舜就是以"无为"治国而闻名的,
孔子听后感悟道:"无为而治者,其舜也与!"

无为而无不为。 《老子》四十八章

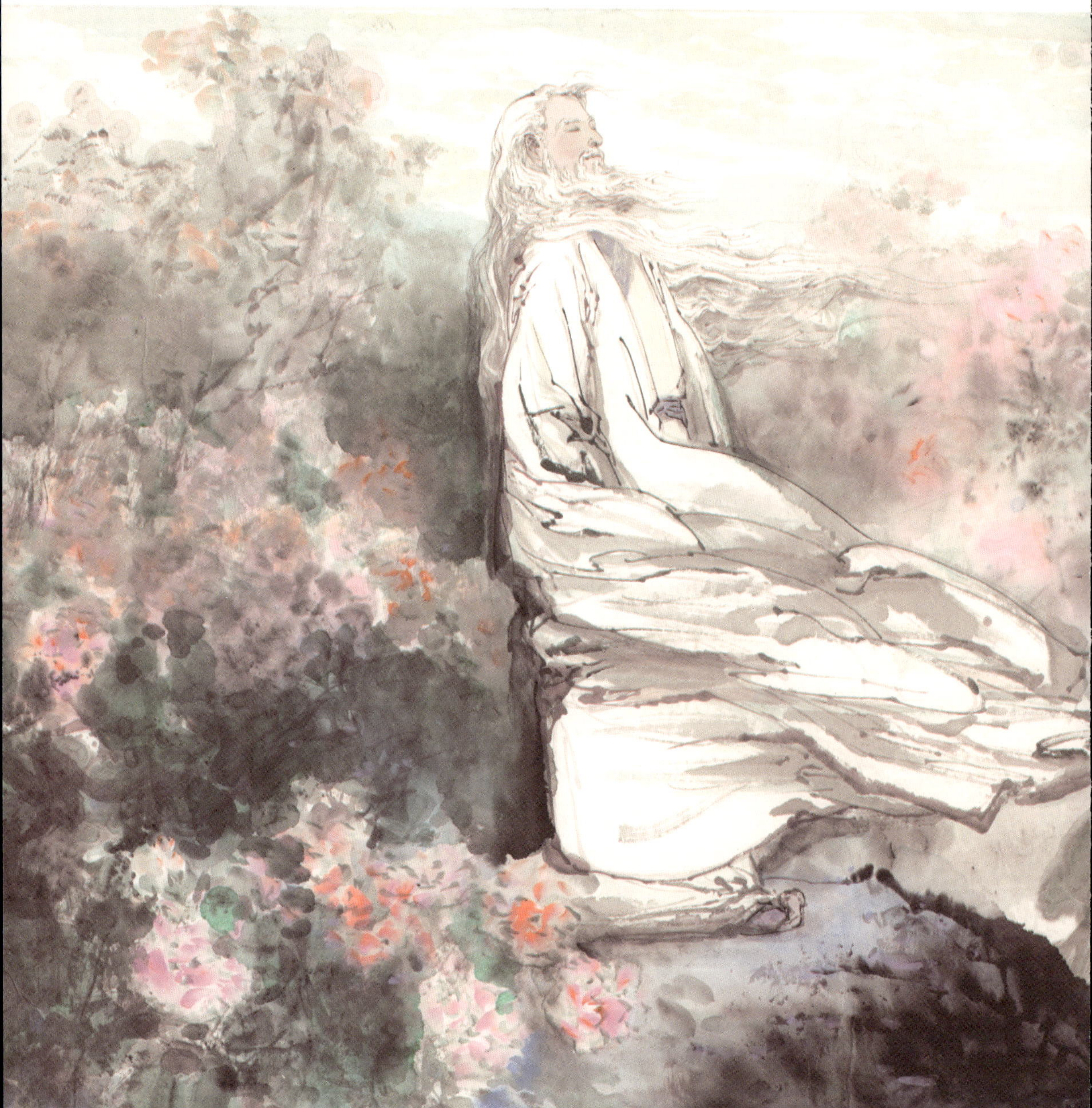

一日，孔子去拜访老子，
看到洗过头发的老子正在牡丹花丛旁晒发，
神态虚静如槁（gǎo）木。
须发飘飘的老子，
似进入了"天人合一""物我两忘"的境地，
孔子于是向老子请教如何能达到虚静之境。
老子说：
"致虚极，守静笃。万物并作，吾以观复。"
意思是说，
清静无欲是正确深入认识事物的最佳状态。

致虚极，守静笃。万物并作，吾以观复。
《老子》十六章

天地不仁，以万物为刍狗；圣人不仁，以百姓为刍狗。

《老子》五章

一日，
老子与孔子等人在谈话中说起"荆人失弓"的故事。
荆人丢了弓而不去寻找，
说："荆人遗之，荆人得之，又何索焉？"
孔子听后，认为应去掉"荆"字，意思是应爱所有的人。
老子则进一步要求去掉"人"字，
意思更进一步，即应泛爱万物，视万物与人为一体。

人之生也柔弱,
其死也坚强。
《老子》七十六章

一日,孔子又去拜访老子,
他推门进院,看见老子正在为孙儿李注打枣。
孔子被眼前天伦之乐的情景所打动,亦去帮助打枣。
老子告诉孔子,
此枣树是母亲益寿氏当年特意从家乡带来的,
如今硕果累累,而自己的思母之心愈重,
枣子也更加显得甜脆。

孔子听罢,笑道:
"真巧,在我家乡的庭院中,
也有一棵母亲当年手植的枣树。
每当枣子成熟时,
我都会精心挑选一些,
在祭母时上供使用。"

老子与孔子乘舟从瀍水旁的老子家宅去周都守藏室，
路上老子向孔子讲述了他对水的感悟。

老子说："水善于滋润万物却不与万物相争，
心甘情愿地处于众人都不喜欢的低洼之处，
所以最接近于道。"

江海所以能为百谷王者，以其善下之，故能为百谷王。 《老子》六十六章

老子的故事

老子引领孔子参观郊外天子祭天、祭地的场所,
"观先王之遗制,考礼乐之所极"。
途中孔子驾车,老子乘车,二人迎风而行。
老子、孔子都爱登山望水,
归来时他们登上洛邑北郊的邙山翠云峰,
置身山顶,极目远眺,无限风光尽收眼底。
老子畅谈自己"小国寡民"的政治理念。

他追求的小国寡民之世，是风淳太平之世，
在这小天地里，人们生活安定，不动干戈。
孔子也表达了推行仁者爱人、天下为公的美好愿望。

圣人常无心，以百姓心为心。　《老子》四十九章

老子又引孔子拜访了乐师苌弘，
三人一起探讨"乐"的文化渊源，
留下了关于大型舞蹈乐曲《大武》的经典论述。

有无相生，难易相成，长短相形，高下相倾，音声相和，前后相随，恒也。　《老子》二章

孔子的洛邑问礼之行，历时近一年，
他几乎每天都有新发现、新思考。
在此期间，孔子与老子建立了深厚的友谊，
分别时，老子送孔子至黄河之滨。

望着浩浩荡荡的黄河,
老子动情地说:
"我听说富贵之人用财物送人,仁义之人用言语送人。
我非富贵之人,愧用仁人的名义,用言语来送你。"
孔子认真听完老子的临别赠言,
与老子施礼而别。

归途中，孔子在学生面前对老子称赞不已，说老子像龙一样高深莫测。

大丈夫处其厚，不居其薄；处其实，不居其华。　《老子》三十八章

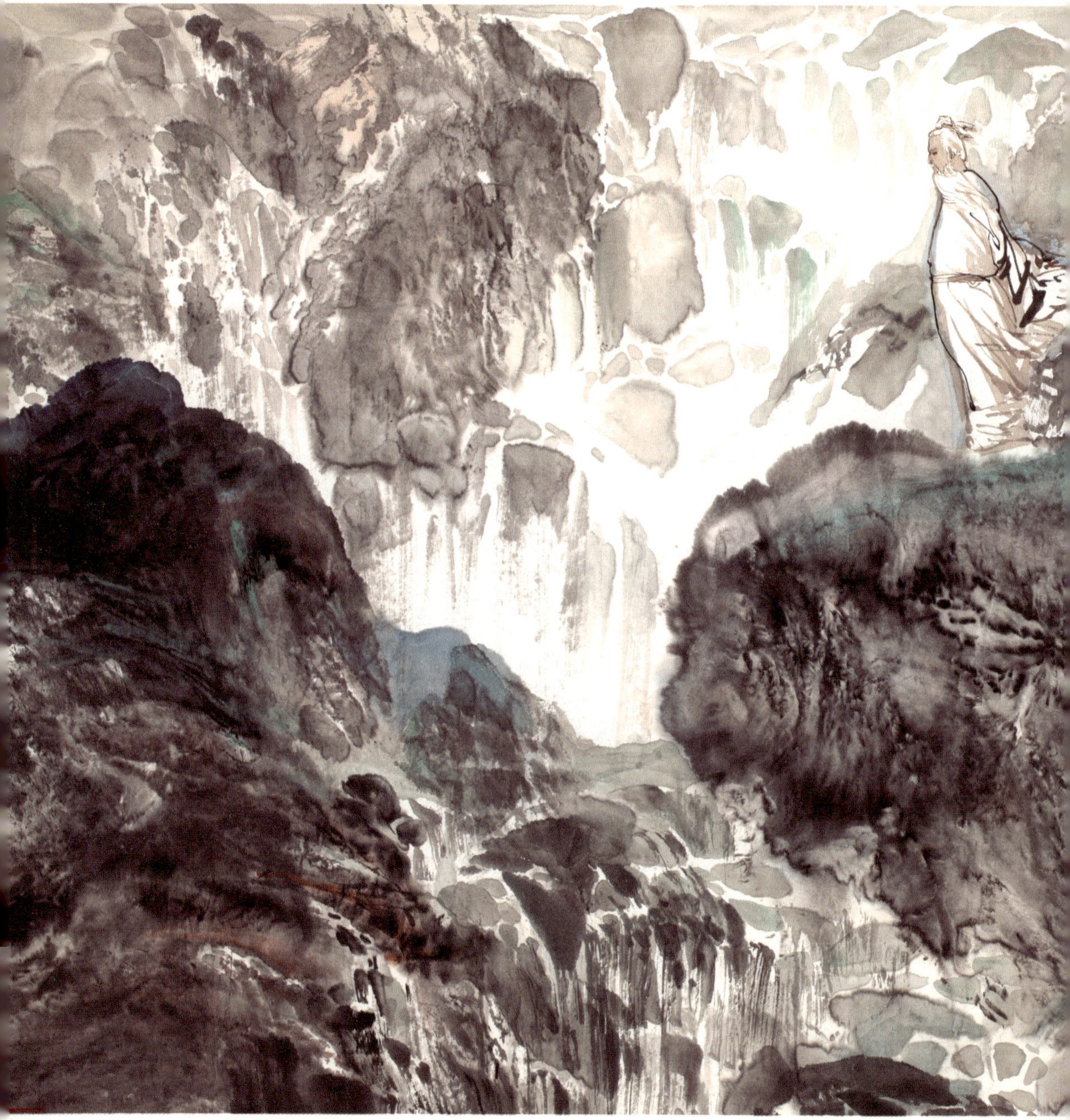

后来,周王室发生内乱,
王子姬朝争夺王位失败,
带着周王室的典籍逃往楚国。
老子蒙受失职之责,
再次被罢免了官职,
于是,他离开周都,前往宋国沛泽。
途中,老子临水抒怀:
"澹兮,其若海;飂兮,若无止。"
意思是,
我的心那样辽阔,
就像大海无边无际;
思绪就像疾风劲吹,
飘扬万里没有尽头。
老子的与众不同体现在他看重道的滋养上。

道常无为而无不为。 《老子》三十七章

南荣趎专程来沛泽看望老子,
并讲述了自己在求学问道路上的新困惑。
老子思索片刻,说:
"注重修养的人,
才能保持较高的修养境界,
人们就会亲近他,
上天也会帮助他。
学习的人,
学到不能再学的地步;
行路的人,
走到不能再走的境地;
辩论的人,
辩论到无可争辩的程度。
知道在不能再有所知的地方停下,
那就是到极限了。
如果不是这样,
那么上天就会让他败亡。"
南荣趎听后,
茅塞顿开,
在沛泽住了几日后,
便辞师远游去了。

不出户,知天下;不窥牖,见天道。
《老子》四十七章

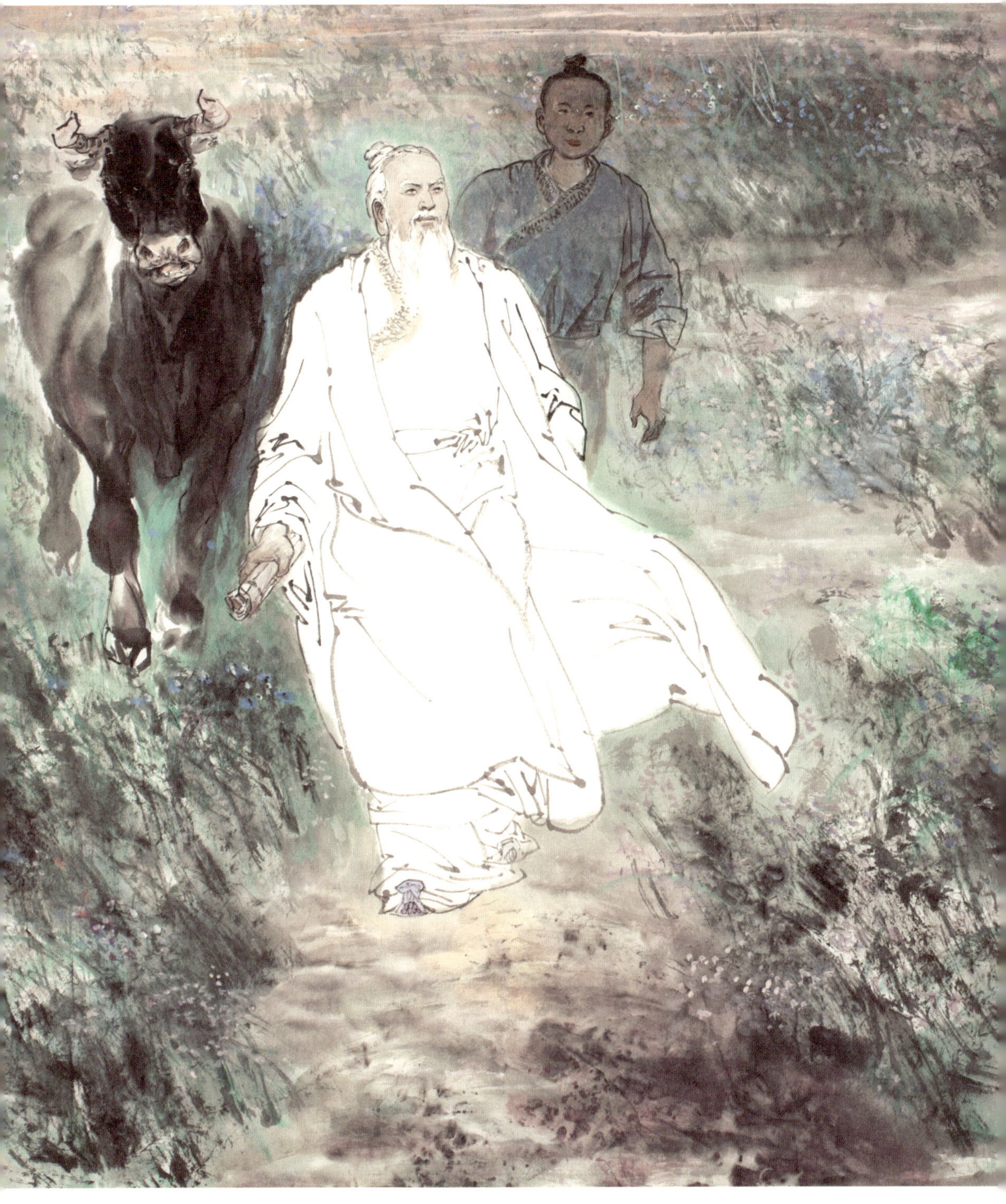

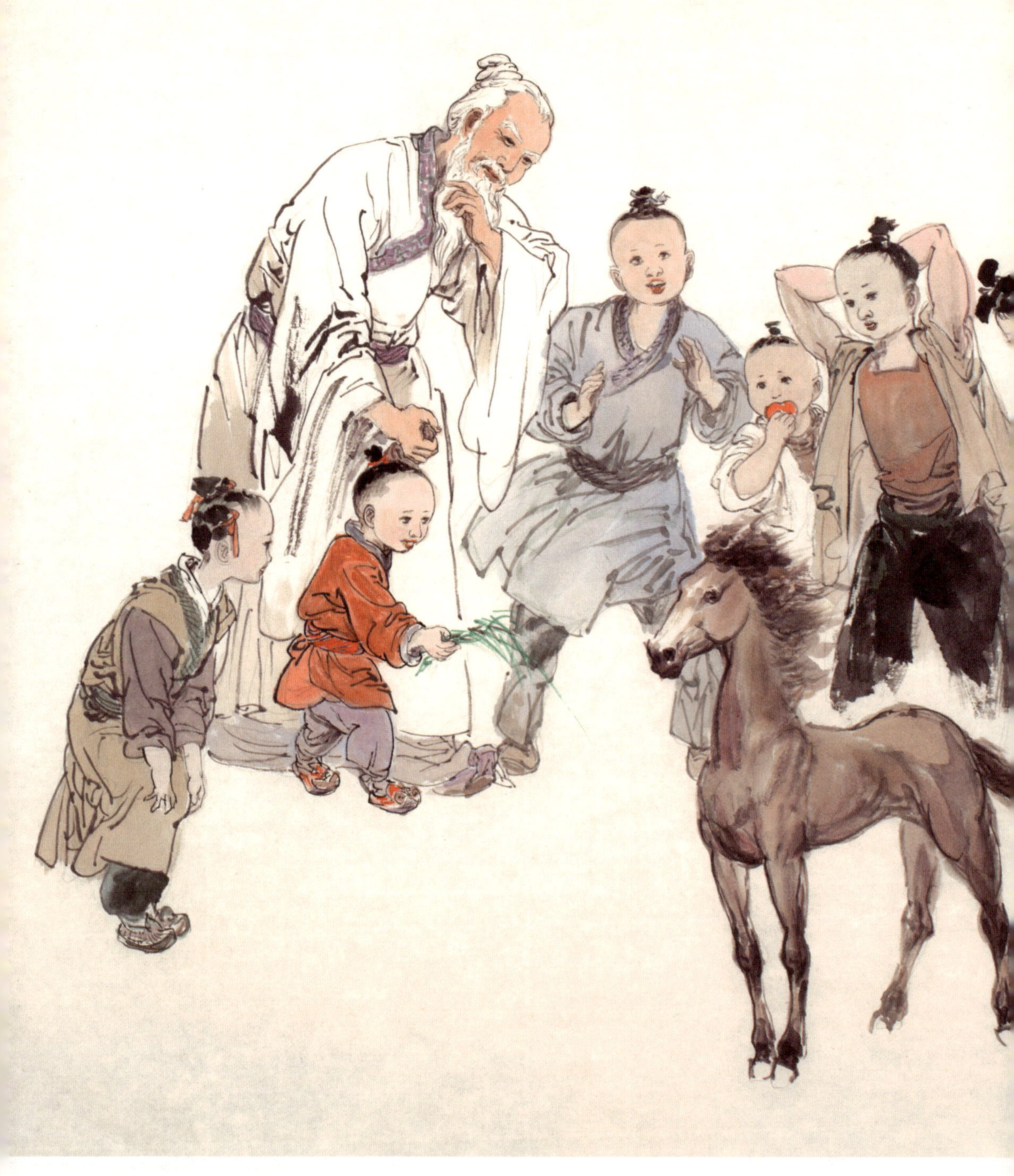

老子在沛泽见到了小孙子李同，
对他关爱有加，
除教他读书识字外，
还时常带他与村童一道喂马饲牛、打枣摘瓜，
于隐居生活中尽享天伦之乐。
李同后来成为赵国的大将军。

知足不辱，知止不殆，可以长久。

《老子》四十四章

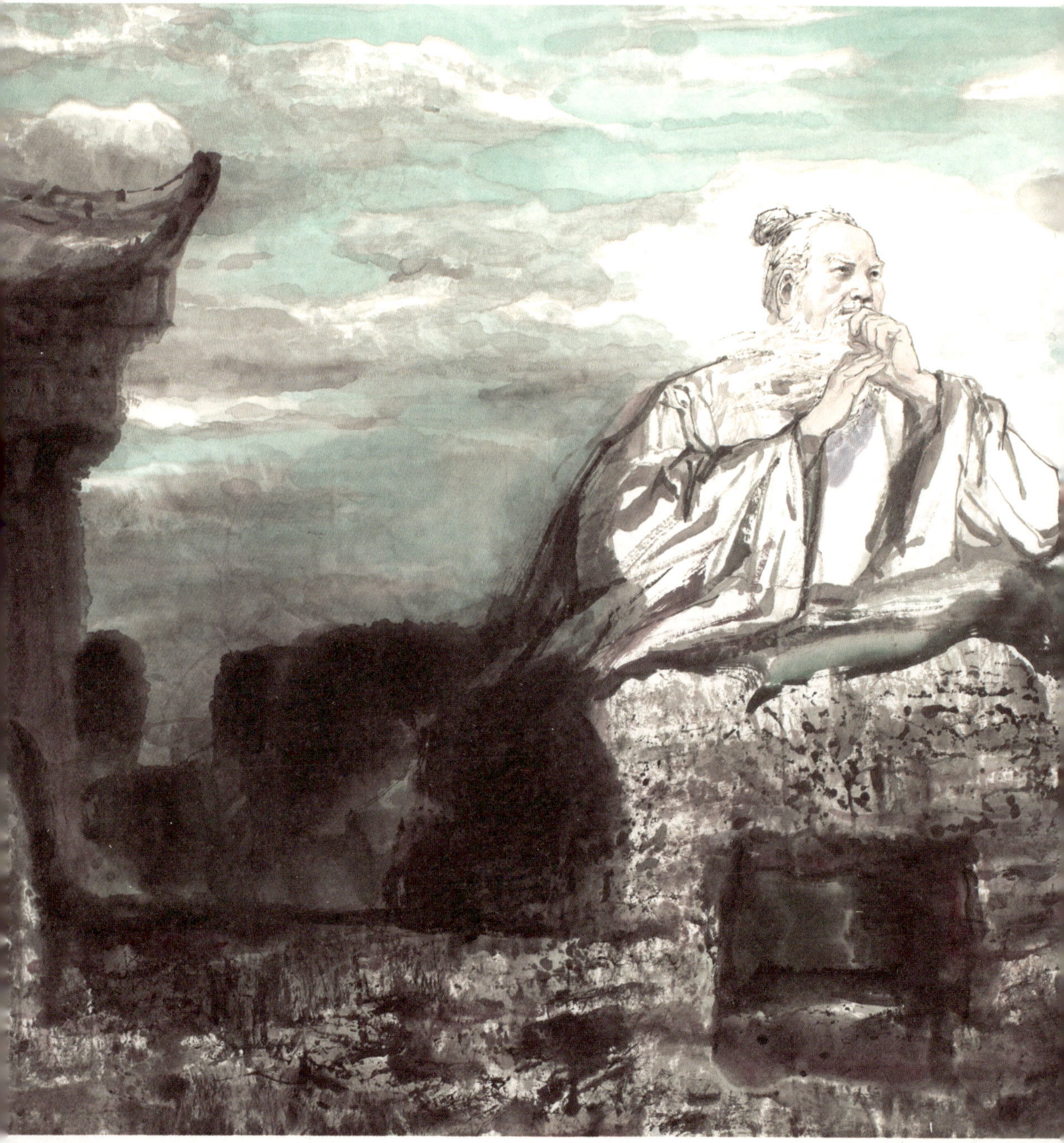

老子在沛泽隐居数年后，
宋国也发生了内乱。
烽烟中，
老子看到田地长满蒿草，民不聊生，
不禁大呼："天下无道，戎马生于郊"
"师之所处，荆棘生焉。
大军之后，必有凶年"。
老子决定离开沛泽，前往秦国。

受国之垢，是谓社稷主；受国不祥，是为天下王。
《老子》七十八章

老子此次西行骑的是青牛，

青牛不但能陆行，还能涉水过河，

并且青牛背宽，人骑在上面稳当且舒服。

经过千里跋涉，

老子已远远望见通往秦国的必经关口——函谷关。

老子的故事

我有三宝，持而保之：一曰慈，二曰俭，三曰不敢为天下先。　《老子》六十七章

函谷关的关令尹喜,
是老子的老朋友。
尹喜曾和老子同朝为官,
常到守藏室向老子请教学问,
被老子视为知音。
尹喜善观天象,
这天,他望见紫气东来,
便出关口相迎,即见老子到来。

二人相见，交谈甚欢。

尹喜对老子提出的政治、人生、道德感悟很感兴趣，建议老子把它们写下来传给后世。

老子见尹喜要求强烈，盛情难却，便慨然应允。

孔德之容，惟道是从。 《老子》二十一章

中华名人故事图画书

合抱之木,生于毫末;九层之台,起于累土;千里之行,始于足下。

《老子》六十四章

老子在函谷关住了下来。
几十年来,
老师们的悉心教导,
自己读书时的研精覃(tán)思,
风云变幻中的拨云睹日,
人生起伏下的心路历程,
以及从天人万物中得到的启发……
皆幻化为《老子》的名句,书写于竹简之上。
老子书写着,
畅述着,
一部流传千古的名著在这里诞生了。

老子著经，尹喜先睹为快。

他展开竹简，看到：

"道可道，非常道；名可名，非常名。

无，名天地之始；有，名万物之母……"

老子破天荒提出"道"这个概念，

作为自己哲学思想体系的核心。

老子的"道"具有一种对宇宙人生的独到解析和深刻感悟，

这种对自然和自然规律的敬畏与尊重，

构成了老子哲学思想的基石。

"道"论是中国哲学史上第一个系统的宇宙论，对后世的哲学产生了重大而深远的影响。尹喜既惊喜又钦佩，决心要跟随老子，弃官问道。

道可道，非常道；名可名，非常名。 《老子》一章尹喜向老子请教什么是"道"的核心精神。

老子说:"人法地,地法天,天法道,道法自然。"

意思是说,

人以地为法,地以天为法,天以道为法,道以自然本性为法。

人类生活与天地存在是一体的。

唯有天安、地安,人类才能长安。

"道"的深层意蕴是"安",
"安平泰"是道家文化的核心精神。

人法地,地法天,天法道,道法自然。　《老子》二十五章

老子在函谷关写出了五千言的《老子》。
《老子》中包含大量的朴素辩证法观点，
如"反者道之动""祸兮，福之所倚；福兮，祸之所伏"。
老子以"道"作为其思想核心，
所以他所创立的学派被称为"道家"，
"合于道"成为道家学者所追求的终极目标。

《老子》中的许多经典名句，
如"上善若水""治大国，若烹小鲜"等被传诵至今，
成为人们日常生活和社会生活中的座右铭。

治大国，若烹小鲜。 《老子》六十章

老子到达秦国后，遍游名山大川，
隐居于扶风、周至（今陕西省扶风县、周至县）一带讲学。
由于学识高深、宽以待人，老子深受当地百姓爱戴。
老子曾在槐里（在今陕西省咸阳市）讲学，
去世后，那里的百姓怀念他，将他葬于槐里。

在周至，至今还留有当年老子与弟子共同植下的银杏树，此古树虽逾两千余年，仍枝繁叶茂。

功遂身退，天之道也。 《老子》九章

老子的故事

老子教给人们在日常生活中认识事物，
保持平安优胜、获得和谐幸福的方法。
老子学说揭示了深刻博大的宇宙法则，
极大提升了传统文化的理论思辨性，
在中华文化的历史长河里，
闪耀着璀璨的光芒。
《老子》也被译成多种文字介绍到世界各地，
对世界哲学体系的建立产生了深远的影响。